Il Canto XXX Dell' Inferno

Orazio Bacci, Giuseppe Piccióla

LECTVRA DANTIS

IL CANTO XXX DELL'IN-
FERNO LETTO DA ORAZIO
BACCI NELLA SALA DI DANTE
IN ORSANMICHELE ✿ ✿ ✿ ✿

✿ ✿ FIRENZE,
G. C. SANSONI
EDITORE, 1901 ✿

PROPRIETÀ LETTERARIA

Firenze — Tip. G. Carnesecchi e Figli.

Se invece di esporvi e dichiararvi, come farò subito, il contenuto del canto xxx, mi lasciassi tentare da taluno di quei problemi ardui ma suggestivi, che lusingano quanti dalla *Divina Commedia* si provino a rapire pur una favilla del fuoco che tutta la illumina e l'accende; io mi sentirei attratto a indagare uno, almeno, dei tanti perché, che fa sorgere dinanzi alla mente il Poeta, trionfatore delle difficoltà piú perigliose, e, per disperazione dei critici (cui si lascia indietro con le loro picciole curiosità), misterioso artefice, in un Poema di cento canti, di sempre nuova poesia. Perché e come (vorrei studiare) si atteggiò nelle mani di Dante la materia di questa decima bolgia, in modo che proprio gli si dividessero in due canti le schiere dei falsatori; in modo che l'un canto fosse all'altro come di anello, e si volgesse il racconto, dall'episodio di Geri ancor minacciante col dito, alla comparsa di Griffolino e di Capocchio, e da essi alla nuova grande figura di Maestro Adamo? Qual fu il processo evolutivo e, quasi direi, il centro estetico di quegli episodi nella fantasia creatrice? Ma contentiamoci d'una sola osservazione.

Dante, che ebbe non solo la potenza delle più fervide e ardite concezioni, ma, altresí, i sottili e minuti accorgimenti dell'arte, deve pur aver pensato a certi effetti di contrasto, d'intreccio, di continuità, fra canto e canto del suo Poema, la cui lettura più seguíta e non interrotta (come nelle nostre settimanali riunioni) può meglio presentare — quale di Commedia che si svolge davvero nell'oltretomba — la successione logica e cronologica, negli atti e nelle scene del mistico dramma.

E ti dei ricordar, se ben t'adocchio,
com'io fui di natura buona scimia.

Questi versi finali del canto ventinovesimo, in cui è un guizzo fugace d'umorismo, dobbiamo avere ancor nell'orecchio, per meglio gustare la variazione di tono che ci dà il solenne principio del canto trentesimo: « Nel tempo che Giunone era sdegnata contro tutta la stirpe tebana, perché Giove aveva amato Semelè, figlia di Cadmo re di Tebe e madre di Bacco (e ben due volte mostrò Giunone questo sdegno); Atamante re di Tebe infuriò tanto, che, vedendo la moglie coi due figlioletti in collo, *gridò*: tendiamo le reti, sicché io li prenda come una leonessa coi leoncini, e poi — qual fiera — *distese i dispietati artigli*; sbattendo il figlio Learco contro un sasso, onde la moglie Ino, disperata, si gettò con l'altro, Melicerta, nel mare. — Quando Troia orgogliosa fu distrutta, e finí il regno e la vita di Priamo, Ecuba dolente, misera, schiava, poiché vide la figlia Políssena uccisa sulla tomba di Achille, e il cadavere del figlio Polidoro sulla spiaggia, *forsennata latrò sí come cane*, tanto il dolore le travolse la mente ».

Tale il grave e largo preludio di questo canto, che Dante ha verseggiato su motivi ovidiani; che l'ammiratore dell'antichità ha desunto da uno dei poeti della *bella scuola*, distendendo per ben sette terzine i ricordi dei furori di Atamante e di Ecuba; indugiandosi nel lento ritmo, come di epopea; e, dopo il primo periodo, un altro, pur comparativo, facendone seguire, e protraendo la conclusione; sicché, per lungo tratto, rimane sospeso ed attento il lettore, e quasi distrae il pensiero dall'*ultima bolgia delle diece*.

Se la natura e la realtà non offrono immagini degne o sufficienti, ben venga la mitologia e il ricordo classico: e Dante lo accoglierà, lo intarsierà, nell'armoniosa terzina, cimentandola al confronto del poeta antico, con l'augurio che erompe dal xviii del *Paradiso: paia tua possa in questi versi brevi!*

Ed ecco, dunque, nell'ampia comparazione, Atamante insano, belva che ha non più mani, ma artigli; ecco Ecuba forsennata, cane latrante. Guido da Pisa nei *Fatti di Enea* graziosamente chiosa: « certo ella non diventò cane realmente, ma arrabbiò per dolore a modo di cane ». — Indi il poeta ritorna al suo tema e alle sue figure; e conchiude e ribadisce stupendamente:

> *Ma né di Tebe furie né troiane*
> *si vider mai in alcun tanto crude*
> *non punger bestie, non che membra umane,*
> *quant'io vidi in due ombre smorte e nude,*
> *che mordendo correvan di quel modo....*

Fermiamoci un istante allo sbocciare di quest'altra comparazione. A quest'ombre furiose il Poeta ravvicinò le meravigliose figure che aveva trovate nell'*Ovidio maggiore*; ma sol per dare un'idea dell'in-

sania orrenda dei due falsari (lividi per paura e dolore, e nudi): Gianni Schicchi e Mirra. Il verso dovrà
ridiscendere dalle altezze della grave poesia classica,
alla rappresentazione dei tristi peccati, dei tristi peccatori; e questo canto — lo vedremo subito — volgerà,
a grado a grado, verso la realtà più forti e più crude:
il solenne racconto sta omai per convertirsi in contrasto aspro e selvaggio. Si compia, dunque, la comparazione, sicché sia degna de' due falsari pazzamente
correnti:

> ..... *due ombre smorte e nude,*
> *che mordendo correvan di quel modo*
> *che il porco quando del porcil si schiude.*

Chiuso così il ciclo di tali comparazioni, siamo dinanzi ad una prima scena, della quale attori sono e
queste due ombre che Dante ha ritratte, e due altre
(Capocchio e Griffolino), che abbiam conosciute nel
canto precedente, da cui il nostro non s'è ancor del
tutto distaccato. Se ne distaccherà risolutamente,
quando, dopo la scena cui assisteremo, un'altra figura
richiamerà tutta l'attenzione di Dante; ma del canto
ventinovesimo serberà sempre certi tratti caratteri-
stici e svilupperà in mirabil fioritura il germe del-
l'umorismo, ch'era già nelle parole di Capocchio, mot-
teggiante la vanità dei senesi.

Capocchio, cui accenna qui Dante come a personaggio noto, stava pure (voi ricordate) col compagno,
a grattarsi

> .... *col morso*
> *dell'unghie sopra sé, per la gran rabbia*
> *del pizzicor, che non ha più soccorso.*

Ora uno de' due furiosi spiriti afferra, azzanna, — quasi

con zanna di porco — il misero Capocchio al nodo del collo; e se egli ha desiderio di grattarsi il corpo pien di scabbia, ecco che lo spirito infuriato lo trascina fino a farlo strisciare dolorosamente per terra col ventre di *schianze maculato*. Gli fece ben grattare il ventre! dice, schernendolo, il poeta:

> *L'una giunse a Capocchio, ed in sul nodo*
> *del collo l'assannò sí che, tirando,*
> *grattar gli fece il ventre al fondo sodo.*

L'aretino, cioè Griffolino, vede cosí mal concio il compagno di pena, e, come già nel canto xxix (*e tremando ciascuno a me si volse*), rimane solo a tremar di paura; e, quasi per spiegar questa paura, o per cacciarla un po' (come si suole) discorrendo, senza pur esserne domandato, dice a Dante: *quel folletto*, cioè quell'ombra rapida e bizzarra che passa

> *....è Gianni Schicchi,*
> *e va rabbioso altrui cosí conciando.*

Dante vorrebbe ringraziarlo della notizia: che gli potrà augurare, di meno spiacevole? Virgilio aveva già augurato: •

> *........se l'unghia ti basti*
> *eternalmente a cotesto lavoro;*

e Dante augura ora a Griffolino, che l'altro folletto non lo azzanni (si noti questo fuggevol momento di pietà), e lo prega a dirgli chi è esso folletto. Acconsente Griffolino e gli dà la risposta desiderata, ritornando però subito col pensiero a Gianni Schicchi, del quale rivela la colpa onde è egli, offenditore d'altrui, punito:

> *......... Quell'è l'anima antica*
> *di Mirra scellerata, che divenne*
> *al padre, fuor del dritto amore, amica.*

> *Questa a peccar con esso così venne,*
> *falsificando sé in altrui forma,*
> *come l'altro, che là sen va, sostenne,*
> > *per guadagnar la donna della torma,*
> *falsificare in sé Buoso Donati,*
> > *testando e dando al testamento norma.*

Strana coppia, davvero, questi due rabbiosi! Ci voleva proprio la decima delle *male bolge* per farli trovare insieme! Fra le donne antiche (ma questa non da destargli pietà), è colta, ancora di sulle pagine d'Ovidio, la scellerata Mirra, non dimenticabile esempio di falsità orrenda. Pudico e fugace l'accenno di Dante (la cui arte è, pur in mezzo alle nefandezze, castissima); e ne aveva dal decimo delle *Metamorfosi* l'ammonimento e l'esempio:

Dira canam; natae procul hinc, procul este, parentes,

che così suona nella stupenda versione di Luigi Goracci:

> . . . .
> *Nefando enorme io canterò delitto:*
> *Lungi oh lungi di qua, padri e figliuole!*
> *Se pure in versi piacerà descritto,*
> *Fé non abbian tra voi le mie parole;*
> *O s'alcuno di voi pur crederallo,*
> *Ponga mente alla pena anzi che al fallo.*

Pur da Ovidio tolse ispirazione l'alfieriana *Mirra*, nella quale, rappresentando la sventurata figlia di Cinira, vittima di passione fatale, ma innocente, l'Alfieri fa che ella inorridita s'uccida col ferro stesso del padre; e il soggetto della sua tragedia ei difese e spiegò poi con appassionato discorso. Dante non scorge e non scusa più il peccato d'amore, qui dove non amore ma *matta bestialità* deturpa e deforma ogni buon germe affettivo.

Il ricordo e il fantasma di Mirra *scelesta et impia* ritorna, com'è noto, nella dantesca epistola ad Arrigo VII, nella quale Firenze è raffigurata come la Mirra incestuosa.

L'altro spirito è Giovanni Schicchi, o Sticchi, fiorentino, della famiglia dei Cavalcanti; πολύτροπος anche lui, ma in ben altro modo di Ulisse, e che a mal fare pose l'ingegno. Riuscí, per esempio, ad imitare l'aspetto e la voce di Buoso Donati, che apparisce vivo in documenti del 1280, di quel Buoso che vogliono alcuni tra i cinque ladri fiorentini che vedeste già nel lor *mutare e trasmutare*. Gianni Schicchi seppe fingere, per Buoso già morto, un testamento, che sarebbe stato in piena regola e forma.... se fosse stato di Buoso; istigato a ciò da Simone, fratello e non figlio (come rilevò il Del Lungo) di Buoso stesso.

E che cos'è quella *donna della torma* che lo Schicchi voleva guadagnarsi?

La più bella, la regina (forse ancor meglio che *la guida*), di tutte le mule. *Madonna Tonina*, si chiamava, secondo alcuni chiosatori.

Questo Gianni Schicchi, contemporaneo di Dante, è un bel tipo di fiorentino; un bel tipo com'altri che ci offre la *Commedia*; come Ciacco, il vescovo de' Mòzzi, e l'indimenticabile Belacqua. Il fatto del falso testamento raccontano al modo stesso i commentatori antichi; se non ehe qualcuno, come Pietro di Dante, dice che Messer Buoso sarebbe stato strozzato da Simone e da Gianni Schicchi; della qual cosa, poiché qui non è cenno (e ben vi avrebbe potuto essere), è lecito dubitare.

La storiella della falsificazione racconta in breve, ma mirabilmente e con arte di vero novelliere, l'Anonimo fiorentino. Sentiamolo. Non disconviene sulle nostre labbra un sorriso pur fra questi orrori del basso Inferno; in questa bolgia, dove lo scherno e il lazzo trovano il luogo loro. Ma il sorriso non risveglino o *motti* e *iscede* di chiosatori che godono *pur che ben si rida*, sì quasi le parole stesse e i ricordi che Dante medesimo poteva immaginare che si rievocassero nella memoria dei suoi lettori, dinanzi a certe figure, alla lettura delle sue terzine.

Narra, dunque, l'Anonimo:

« Questo Gianni Sticchi fu de' Cavalcanti da Firenze, et dicesi di lui che, essendo messer Buoso Dònati aggravato d'una infermità mortale, volea fare testamento, però che gli parea avere a rendere assai dell'altrui. Simone suo figliuolo [o piuttosto fratello, come ho detto: figli ambedue di Forese il vecchio], il tenea a parole, per ch'egli nol facesse; e tanto il tenne a parole ch'elli morì. Morto che fu, Simone il tenea celato, et avea paura ch'elli non avesse fatto testamento mentre ch'elli era sano; et ogni vicino dicea ch'egli l'avea fatto — Simone non sappiendo pigliare consiglio, si dolse con Gianni Sticchi et chiesegli consiglio. Sapea Gianni contraffare ogni uomo et colla voce et colli atti, et massimamente messer Buoso ch'era uso con lui. Disse a Simone: — Fa' venire uno notaio, et dì che messer Buoso voglia fare testamento: io enterrò nel letto suo, et cacceremo lui dirietro, et io mi fascerò bene et metterommi la cappellina sua in capo, et farò il testamento come tu vorrai; è vero che io ne voglio guadagnare. — Simone fu in concordia con lui: Gianni entra nel letto, et mostrasi appenato, et contraffà la voce di messer Buoso che parea tutto lui, et comincia a testare, et dire: Io lascio soldi xx all'opera di Santa Reparata, et lire cinque a' Frati Minori, et cinque a' Predicatori, et così viene distribuendo per Dio, ma pochissimi danari. A Simone giovava del fatto; et lascio, soggiunse, cinquecento fiorini a Gianni Sticchi. — Dice Simone a messer Buoso: Questo non bisogna mettere in testamento; io gliel darò come voi lascerete. — Simone, lascerai fare del mio a mio senno: io ti lascio sì bene che tu dei esser contento. — Simone, per paura, sì stava cheto. Questi segue: et lascio a Gianni Sticchi la mula mia; ché avea messer Buoso la migliore mula di Toscana. — Oh, messer Buoso, dicea Simone, di codesta mula si cura egli poco et poco l'avea cara. — Io so ciò che Gianni Sticchi vuole meglio di te. Simone si comincia adirare et a consumarsi; ma per paura si stava. — Gianni Sticchi segue: Et lascio a Gianni Sticchi fiorini cento, che io debbo avere da tale mio vicino; et nel rimanente lascio Simone mia reda universale, con questo ch'egli debba mettere ad esecuzione ogni lascio fra quindici dì, se non, che tutto il reditaggio venga ai Frati Minori del Convento di Santa Croce; et fatto il testamento ogni uomo si partì. Gianni esce dal letto, et rimettonvi messer Buoso, et lievano il pianto, e dicono ch'egli è morto ».

Il voto del Poeta giovò al tremante e pur loquace Griffolino: non fu tocco dalle zanne di Mirra. La sciagurata figliuola di Cinira e lo Schicchi rappresentano la seconda delle quattro schiere di falsari: i falsificatori di persone «Primo e più leggiero — scrive il Tommaseo — il falsare con alchimia metalli non coniati; poi commettere falso in atti pubblici e privati: poi falsar la moneta, che è un rompere i vincoli sociali, e un moltiplicare i danni per quanti sono i pezzi di metallo alterati; poi, più grave di tutti, falsar la parola, che è la moneta preziosissima e sacra al consorzio degli spiriti e al loro alimento». Come gli scialacquatori e i ladri, questi dannati divengono l'un l'altro mezzi e strumenti di pena.

Perché poi a Dante possan parere più gravi i peccati di falsità, che (a mo' d'esempio) quelli dei simoniaci, e dei ladri, troppo lungo sarebbe discorrere; e ci troveremmo anche dinanzi a spiegazioni fantasiose come quella del Wegele che in questo caso va scoprendo più germanica che latina la natura di Dante. Ma che questi falsatori si avventino contro gli altri che falsarono i metalli, sconciandoli e mordendoli, par significare, per contrappasso, e il morso dell'inganno, e il desiderio antico di deformar la natura.

I due *rabbiosi* son passati, e Dante tralascia di curarsi di loro, e anche, finalmente, dei due falsari che eran sulla scena dal canto XXIX, il quale ha avuto, ormai, la sua conchiusione:

> *E poi che i duo rabbiosi fur passati*
> *sovra i quali io avea l'occhio tenuto,*
> *rivolsilo a guardar gli altri mal nati.*

Il poeta ci presenta la figura capitale del canto, e che ne diventa come il centro. Essa campeggia, non com'altre che Dante ha saputo far nobili e simpatiche

pur ne' cerchi infernali; campeggia com'altri spiriti,
ne' quali, per contrario, sembra che si assommi quanto
v'è o di piú spiacevole, o di piú doloroso nel mondo.
In Vanni Fucci è il trionfo della *bestialità*; dell'orrido
in Bertram del Born; in maestro Adamo del grottesco.

Maestro Adamo, che il Bambaglioli disse del Casentino, altri di Bologna, i piú di Brescia, è ormai si-
curo che fu *de Anglia*; inglese, forse *de Brestia*
(onde la confusione), secondo il documento pubblicato
primamente dal Tarlazzi (e si noti fino dal 1869), sebbene *da Brescia* si continui da molti a chiamare:
tanto può la tradizione anche negli errori! La Cro-
nica di Paolino Pieri fa fede, che, per aver falsato in
Romena il fiorino, Adamo fu arso vivo nel 1281: e,
dice la tradizione, presso la *macia* dell'*Ommorto*, sulla
vecchia strada casentinese.

> *Io vidi un fatto a guisa di liuto,*
> *pur ch'egli avesse avuta l'anguinaia*
> *tronca dal lato, che l'uomo ha forcuto*

(se al biforcarsi delle cosce avesse avuto reciso l'*in-
guine*).

> *La grave idropisia che si dispaia,*

cioè disforma,

> *le membra con l'umor che mal converte*
> *che il viso non risponde alla ventraia,*
> *faceva lui tener le labbra aperte,*
> *come l'etico fa, che per la sete*
> *l'un verso il mento e l'altro in su riverte.*

Quanto all'*umor che mal converte*, bene citò il Tor-
raca le parole di frate Giordano da Rivalto, o da Pisa
che sia: «L'idropico quanto piú mangia e bec, quegli

omori si corrompono tutti e convertonsi in mali omori flemmatici ». E a proposito, torna a mente l'oraziano: *Crescit, indulgens sibi, dirus hydrops* ecc., dove l'avidità del denaro è bene assomigliata alla sete dell'idropico, che non si spegne, ma cresce col bere ed affretta la morte. Tralasciando altri raffronti, accennerò solo, che grande affinità nel concetto della pena (il falsatore è molestato insaziabilmente dalla sete dell'idropico, perché nel mondo fu avido di moneta e produttore di moneta falsa) riscontrasi con quel passo del xxiii del *Purgatorio*, che descrive il supplizio dei golosi affamati e assetati; celebre passo di cui tutti ricordano, almeno, il verso: *parean l'occhiaie anella senza gemme*! E richiamerò, per ultimo, dal Vangelo di Luca le parole dell'Epulone dannato: *manda Lazaro, che intinga la punta del suo dito nell'acqua, e mi rinfreschi la lingua.*

Che sconcia e grottesca figura questo maestro Adamo! Il ventre rigonfio può parere la cassa; il capo, il collo, il petto scarni, il manico d'un liuto! Peccato ch'egli abbia ancora le gambe; se no, la rassomiglianza (par che maliziosamente ci si lasci pensare) sarebbe stata più piena.

Dante che vagheggiò, amò e ritrasse così mirabilmente la bellezza del corpo umano; Dante che ha descritto, non foss'altro,

> *una donna soletta, che si gia*
> *cantando, ed iscegliendo fior da fiore*
> *ond'era pinta tutta la sua via;*

e che ha dette le lodi degli *occhi belli* di Beatrice, massime nei versi immortali:

Negli occhi porta la mia donna Amore,
Per che si fa gentil ciò ch'ella mira ;

Dante, creatore, animatore, possente di così fulgidi fantasmi di bellezza, è pur l'inventore insuperabile delle
raffigurazioni del mostruoso; è, con l'arte tremenda del
suo stile, deformatore spietato dell'aspetto umano, di
quella *nostra immagine* che egli pianse così torta e
travolta (come vi è ben noto) nelle figure degli indo-
vini.

Su questo manico di liuto, il viso di maestro Adamo
sta con le labbra aperte, e rovesciate, uno in su, l'altro
in giù, come pur fanno i tisici per la sete. Ci trarrebbe
a sorridere quella corpulenta figura, specie se si ri-
pensa al liuto; ma ci arresta il sorriso, la vista di quel
volto smagrito, e quella sete angosciosa. Sorriso, dunque, e tristezza; cioè gli elementi dell'umorismo.

Da quella bocca sitibonda e riarsa escono ora —
non richieste, improvvise — dolenti parole. Dante, che
ce n'ha descritto il grottesco aspetto, ci svela l'anima
del misero maestro Adamo.

O voi, che senza alcuna pena siete,
e non so io perché, nel mondo gramo,
diss'egli a noi, guardate e attendete
alla miseria del maestro Adamo :
io ebbi, vivo, assai di quel ch' i' volli,
ed ora, lasso ! un gocciol d'acqua bramo.
Li ruscelletti, che de' verdi colli
del Casentin, discendon giuso in Arno,
facendo i lor canali freddi e molli,
sempre mi stanno innanzi, e non indarno ;
chè l' immagine lor vie più m'asciuga,
che il male ond' io nel volto mi discarno.

Ha un'anima anche maestro Adamo. Ne' versi che ho letto, chiari sì che mi dispensano da ogni spiegazione (con la quale mi sarebbe troppo facile tediarvi), com'è delicato, geremiaco, l'esordio della parlata dell'idropico :

> ....*guardate e attendete*
> *alla miseria del maestro Adamo !*

Bene richiamò il D'Ovidio le parole del *miserrimus Phlegyas* virgiliano :

> *Discite iustitiam, moniti, et non temnere divos.*

I ruscelletti casentinesi, tutti li conoscono (pur quelli che non li hanno visti) per i versi di Dante, il quale, è certo anche per altre attestazioni, fu nel Casentino : già basterebbe a farne fede l'episodio di Bonconte nel v del *Purgatorio.* In quella famosa terzina è, senza dubbio il ricordo d'impressioni provate dal Poeta; ma, altresì, tutta la sete di maestro Adamo : e questa sete può parere per un istante quasi un delicato sentimento della natura, superstite. (e in bizzarro contrasto) nel sozzo corpo del falsatore di moneta.

Che meravigliosa e semplice visione delle fresche vallate, de' rivoli argentei, correnti, ingrossanti di tra le pietre levigate, lungo i margini erbosi ! Dante sentì con senso tutto moderno la bellezza semplice, bianca della chiara acqua montana; la ritrasse anche in altri versi, che son tra' più mirabili della *Divina Commedia* (ventesimo del *Paradiso*) :

> *udir mi parve un mormorar di fiume,*
> *che scende chiaro giù di pietra in pietra,*
> *mostrando l'ubertà del suo cacume.*

Versi, questi danteschi, dinanzi ai quali paiono scolorirsi anche i magnifici, per quanto men veri, del Foscolo:

> . . . . *e pe' lavacri*
> *che da' suoi gioghi a te versa Appennino.*

Tornando ai *ruscelletti del Casentino*, l'arte di Dante
non deve cercarsi, dunque, tanto nel felice ricordo
d'una sua vivace impressione, quanto nell'essere quel
ricordo appropriatissimo (l'osservava poco fa un cri-
tico acuto) al personaggio che parla: onde il sogget-
tivismo è in maestro Adamo, e l'oggettivismo nel
Poeta insuperabile. Agli occhi quasi spenti di Maestro
Adamo torna, quella che egli pure ebbe già nella vita,
la visione ridente e tormentatrice de' ruscelletti e dei
verdi colli. E la sete inestinguibile vie più s'accende:

> *ché maggior pena,*

così scrisse Terino (al quale aggiunge ora tanta gloria la quasi certezza che rispondesse lui e non Cino
al primo sonetto della *Vita Nuova*),

> *ché maggior pena non si po' avere,*
> *che veder l'acque delle chiare fonti,*
> *e aver sete e non poterne bere.*

La sete inestinguibile vie più lo punge, come la cerva
assetata:

> *Sì come cerva, ch'assetata il passo*
> *mova a cercar d'acque lucenti e vive,*
> *ove un bel fonte distillar d'un sasso*
> *o vide un fiume tra frondose rive;*

o, nella medesima *Gerusalemme liberata*, nella so-
nante ottava di evidente derivazione dantesca, colui
che

> . . . . *tra frondeggianti rive*
> *puro vide stagnar liquido argento*
> *o giù precipitose ir acque vive*

per alpe, o 'n piaggia erbosa a passo lento;
quelle al vago desio forma e descrive,
e ministra materia al suo tormento;
ché l'imagine lor gelida e molle
l'asciuga e scalda, e nel pensier ribolle

Il linguaggio lamentevole e quasi compassionevole di Maestro Adamo si fa, a mano a mano, piú freddo: e si ha la confessione del peccato:

La rigida giustizia, che mi fruga,
tragge cagion del loco ov'io peccai
a metter piú li miei sospiri in fuga;

ossia: Dio trae cagione a farmi sospirare, penare di piú, per il ricordo del luogo ove peccai.

Le turrite rovine del castello di Romena si veggono ancora su un erto poggio, sulla destra d'Arno.

Ivi

(nel *loco ov' io peccai*, cioè nel Casentino)

è Romena, là dov' io falsai
la lega suggellata del Batista

(il fiorino improntato dell'effigie di S. Giovanni)

per ch' io il corpo suso arso lasciai.

Anche questo peccatore cerca, come Francesca, come Iacopo Rusticucci, come Guido da Montefeltro, come poi Ugolino, una qualche scusa al proprio fallo. Le sue parole, piene di livore contro i fratelli conti Guidi del ramo di Romena (Guido II, Alessandro e un Aghinolfo o Ildebrandino), uno solo de' quali era nel 1300 nella bolgia stessa, stando a quel che dicevano altre ombre di falsari; queste parole, meglio che de-

star la pietà, rivelano l'odio eterno di Maestro Adamo.
E dinanzi a tal rabbia demoniaca, ma impotente; dinanzi a questa vanteria inutile dell'idropico mostruoso
noi lasciamo cader nel vuoto il lamento e l'augurio,
e registriamo piuttosto nella memoria la notizia che
che egli ci dà sulla circonferenza e sulla larghezza
della bolgia, abbandonando al suo dolore, alla sua sete,
ora piú di vendetta che d'acqua, questa deforme e trista figura, che è da una parte troppo ridicola, dal-
l'altra troppo cattiva, sicché ci possa far compassione.

> *Ma s'io vedessi qui l'anima trista*
> *di Guido, o d'Alessandro, o di lor frate,*
> *per fonte Branda non darei la vista.*

(Non la famosa fonte senese, ma una fontana pur di
tal nome, come è certo doversi intendere, presso il
castello di Romena, la cui esistenza è attestata da antichi documenti).

> *Dentro c'è l'una già*

(il conte Guido),

> *se l'arrabbiate*
> *ombre che vanno intorno dicon vero:*
> *ma che mi val, se ho le membra legate?*
> *S'io fossi pur di tanto ancor leggiero,*
> *ch'io potessi in cent'anni andare un'oncia*

(un brevissimo spazio, un pollice),

> *io sarei messo già per lo sentiero,*
> *cercando lui tra questa gente sconcia*

(deformata),

> *con tutto ch'ella volge undici miglia*
> *e men d'un mezzo di traverso non ci ha.*

Non mi fermo a notare la peculiarità della rima in
quest'ultimo verso, che è pur altra volta in Dante e

in altri antichi (l'Ariosto ha *verde* in rima con *aver de'* (I, 43). Rileggiamo, piuttosto, quei due versi: *S'io fossi pur di tanto ancor leggiero, – ch' io potessi in cent'anni andare un'oncia*, i quali si contrappongono nel ritmo, quasi la leggerezza alla corpulenza: — il secondo è ansimante come per insaziato desiderio; è lento come Adamo; e pare un verso lunghissimo, quale la via che l'idropico non potrà percorrere mai.

> *Io son per lor tra sì fatta famiglia:*

(di peccatori)

> *ei m'indussero a batter i florini*
> *che avevan tre carati di mondiglia:*

avevano, cioè, invece che ventiquattro carati di oro puro, ventun carati d'oro e tre di *mondiglia*, di lega di rame.

Dante ha in queste terzine troppo chiaramente accusato i fratelli conti Guidi, sicché si possa (anche se altro non fosse) reputar dantesca quella epistola ai conti Guido e Oberto da Romena, che è di condoglianza per la morte d'uno zio conte Alessandro; epistola già impugnata validamente dal Todeschini. Dante non poteva essere e giusto vindice della colpa dei conti istigatori (né giova obiettare che chi accusa i Da Romena è maestro Adamo!), e piaggiatore, insieme, e lodatore di colui che aveva bollato d'infamia in una bolgia infernale. Né per ora si è saputo dimostrare, nella molto incerta genealogia dei Romena, l'esistenza d'un altro Alessandro cui si convenga l'epistola.

Virgilio è così in disparte in questa scena, che quasi ci siamo dimenticati di lui —; vedremo presto che egli osservava e ascoltava. Noi conosciamo, ormai, e la sformata figura e l'anima sconsolata di Maestro Adamo: l'episodio par piegare al suo termine; ma non è paga la curiosità di Dante peregrino, né stanca la fantasia di Dante poeta; di questo poeta inesauribile, nella cui mente rampollano e si fecondano immagini da immagini, episodi da episodi, sì da potere solo qualche suo canto servire a nutrire cento e cento poeti dal fiato corto.

Dante, dunque, non risponde verbo alle parole dolenti e irose, e chiede ancora novelle. La risposta di maestro Adamo ci presenta subito di scorcio due falsatori di parola, la moglie di Putifarre che accusò il *casto Giuseppe*, e Sinone, greco e troiano insieme (si avverta), perché è famoso quel che egli fece a Troia quando persuase i Troiani ad introdurre in città il celebre cavallo di legno, di che racconta Virgilio nel secondo dell'Eneide. E così, per tale risposta, scaturisce dall'episodio un altro episodio; tutto un piccolo dramma, che è tanta e nuova parte dell'interesse tragicomico del canto che stiamo leggendo insieme:

> *Ed io a lui: Chi son li duo tapini,*
> *che fuman come man bagnate il verno*

(si noti questo verso di inarrivata evidenza e di sano realismo)

> *giacendo stretti ai tuoi destri confini ?*

(vicino a te, alla tua destra).

> *Qui li trovai, e poi volta non dierno,*
> *rispose, quand' io piovvi in questo greppo,*
> *e non credo che dieno in sempiterno.*
> *L'una è la falsa che accusò Gioseppo,*

l'altro è il falso Sinon greco da Troia :
per febbre acuta gittan tanto leppo.

Maestro Adamo ha parlato chiaro : sono due grandi
bugiardi, falsatori della parola, e putono *come unto
arso* (dice il Buti) per la febbre acuta che li consuma
(la ricerca della falsità è febbrile eccitazione dell' in-
telletto; e dà mal odore di sé la bugia insidiosa). Ma
il più famoso de' due, più famoso perché cantato da
Virgilio (*tutto il mondo sallo*), ha anche nell'Inferno
il suo amor proprio: *falso Sinon greco da Troia* è frase
di troppo dispregio per la sua celebre meravigliosa
falsità! Egli se ne reputa offeso, e subito si rivolta.
Ed eccoci alla scena *di contrasto*.

Maestro Adamo non credeva né voleva, forse, pro-
vocare tant'ira; ma non rifugge ora né da atti né da
parole che, nella volgarità loro. stizzosa, ci svelano
un'altra parte dell'anima sua. L'ira (e, si avverta, sempre con qualche elemento di comicità) è come la forza
animatrice di altre scene infernali, e intorno a Filippo Argenti, e a' barattieri, e a Bocca degli Abati.
Qui divampa in una scena di litigio e d'improperi —
un'altra delle tante brutture della vita che Dante ha
proiettato nel suo Inferno.

Ho detto una delle tante brutture della vita: altri
direbbe un bel caso di degenerazione psichica, e vi
troverebbe *lotta d'ideazione, idee impulsive*, e molte
altre cose alle quali ci ha abituato il linguaggio de'
criminalisti antropologi. La loro analisi, se acuta e
prudente (com'è talora per opera di geniali scienziati),
può ben aiutare anche gli studî del dantista, e meglio
condurlo ad accertare, per esempio, che fatti e parole
che la cronaca addita e la scienza determina in certe
categorie di delinquenti, sono cosí felicemente intuiti

dal poeta da parer derivati (e questo a tutta gloria sua) piuttosto dalla realtà che dalla mente d'uno scrittore. Ma è pericoloso attribuire a Dante idee e categorie che egli non poté avere; parlar di personaggi danteschi con terminologia per lo meno anacronistica; e fantasticare spiegazioni difficili dove tutto basta a spiegare la forza del genio. Chi crederà proprio necessario (per tornare al caso nostro), a intendere la scena di contrasto fra Sinon Greco e maestro Adamo, andare a scovarne il modello o il riscontro negli alterchi de' forzati in galera, come fa l'egregio autore d'un recente libro sui *Criminali e degenerati nell'Inferno dantesco*?

Sinone a maestro Adamo risponde percotendogli l'*epa croia* (dura, dalla pelle tirata).

> *Quella sonò come fosse un tamburo.*

Il corpo di maestro Adamo tutto pare ed è, fuor che corpo umano. Di tali versi, che nella loro semplicità sono d'un'audacia veramente nuova, Dante è artefice sommo. Egli sa raggiungere il massimo effetto colla massima nudità e verità della parola. Giova che ripensiate ancora l'altro:

> *Che fuman come man bagnate il verno.*

Con forma incisiva, il Bonghi annotava d'un altro grande scrittore nostro. « Capisce ogni più umile cosa; e le più alte non lo sgomentano. È alla misura di tutti; e trae tutti in su ». Ma basti la glossa. Giova che spesso il commentatore additi, e tosto si ritragga come in disparte, e lasci libera e sola nella sua vergine potenza la poesia di Dante, e non vada cercando di *dipinger l'ali alle farfalle.*

Al pugno nel ventre risponde maestro Adamo con un colpo nella faccia: non forse uno schiaffo, che vuol più speditezza e sicurezza di movimenti, ed è più ardito sfregio che non sappian farsi questi dannati; ma un colpo lasciato andare a manrovescio, come meglio poteva questo idropico dall'*epa croia* :

E l'un di lor che si recò a noia
forse d'esser nomato sì oscuro
col pugno gli percosse l'epa croia.
   Quella sonò come fosse un tamburo,
e mastro Adamo gli percosse il volto
col braccio suo che non parve men duro,
   dicendo a lui: Ancor che mi sia tolto
lo mover, per le membra che son gravi,
ho io il braccio a tal mestiere sciolto.

Non vi ha nulla di eroico in questa *tenzone*: non si scaldano a poco a poco questi due, non già cavalieri, ma contendenti volgarissimi, dalle parole, alle smentite, ai fatti. È tutt'altro che un duello cavalleresco! Le percosse precedon le parole, sebbene poi con le parole triviali, con le oltraggiose memorie, essi si percuotano anche più che con le mani.

Oh com'è veramente infernale quello scherno reciproco della colpa e della pena! e Dante lascia che qui lo scherno si sfoghi tutto, senza frammettervi, come altrove, pur un accento di pietà! Accomuna questi due esseri, che non si son mai altrimenti conosciuti, la loro condizione di compagni nella *ultima chiostra di Malebolge*: il moderno falsatore e il personaggio classico noto a tutto il mondo per il canto di Virgilio. Nè sapresti poi dire chi sia stato più reo;

come chi abbia ora il vanto dell'ingiuria, in quel pro-
rompere di contumelie, di provocazioni, di canzona-
ture de' difetti fisici (carattere questo degli alterchi
piazzaiuoli); in tanta abbondanza ed esagerazione d'in-
vettive, che riescono, insomma, a crescere all'uno e
all' altro, il disgusto e la pena. Ad Adamo rimane
forse la vittoria nella ignobile gara, perché è l'ultimo
(o noi lo sentiamo per ultimo) a ingiuriare, e perché
soffoca quasi le malediche risposte di Sinone sotto il
cumulo dei ricordi virgiliani:

> *E sieti reo, che tutto il mondo sallo.*

E Adamo ha pur anche il pregio di qualche fiore di
stile, come quando, con preziosa immagine classicheg-
giante (che il greco non era certo qui in condizione
di gustare), chiama l'acqua *lo specchio di Narcisso*, e
v'aggiunge di suo il verbo *leccare*: la favola mitolo-
gica, dunque, e l'atto bestiale contaminati con possente
artificio stilistico.

È veramente un crescendo magnifico di botte e
risposte, dalle quali, come da' diverbi de' trivi, deve
rimanere offeso e ferito ogni sentimento delicato:
«Ho gravi le membra, ma sciolto il braccio a per-
cuotere. — Quando ti portavano a bruciare, l'avevi
legato; *presto* però quando coniavi i fiorini falsi. —
Questa volta tu dici il vero; ma tu non lo dicesti così
a Priamo. — Io dissi falso, e tu falsasti il conio; e
son qui per una colpa, e tu per più colpe che qua-
lunque diavolo. — Spergiuro, ricordati del cavallo; e
ti sia amaro pensare che la tua colpa la sa tutto il
mondo. — A te, sia rea la sete che ti screpola la lingua, e l'acqua putrida che ti fa gonfiare il ventre. —
La tua bocca si squarcia sempre per le male parole;

tu hai l'arsura e il dolor di capo, e il celebrato specchio del vostro Narcisso, lo leccheresti volentieri! ».

Ora, questo dialogo plateale, Dante ha fermato
nell'agile terzina, lo ha sceneggiato nella lingua più
fresca e più viva che aveva raccolta vagabonda per
le vie di Firenze in tutta la sua rudezza plebea e de-
mocratica; anzi in alcuni atteggiamenti (per meglio
dire) di quel *volgar fiorentino*, che al Poeta dette
anche tutta la sua semplicità, nobiltà, malinconia,
grazia, per le scene più soavi e paradisiache della
Commedia; di quel *volgar fiorentino* che egli seppe
far diventare la lingua d'Italia: creando o plasmando
da sé, per forza del suo genio, lo strumento dell'arte,
simile a quelli astronomi che si foggiarono essi stessi
gli strumenti coi quali misurarono i cieli.

E di proposito ho sciolto dal verso e dalla rima
(cui fra breve lo restituiremo leggendo il canto) il
contrasto dei due falsari, per avvertir meglio la sin-
cerità, non solo di quelle parole, ma di que' periodi,
di quei costrutti, così vicini all'andatura del parlar
popolano. La qual cosa voi ancor meglio rilevereste
confrontando frase a frase, come spesso si potrebbe,
la parlata di maestro Adamo e di Sinone con quel
repertorio di *Ingiurie, improperi, contumelie*, che uno
studioso illustre — il compianto Salvatore Bongi —
raccolse, come *saggio di lingua parlata del Trecento*,
dai libri criminali di Lucca; e dove le ingiurie son
anche di pura favella fiorentina. Ritrovereste là e parole e concetti e immagini di somigliante schiettezza,
ma, altresí, di sconcezza maggiore; sicché ne sareb-
bero troppo più colpiti i vostri orecchi; e fareste su-

bito vostro l'ammonimento che il mite Virgilio, divenuto rigido e severo, rivolge a Dante ancor tutto fisso ad ascoltare i due che in quel malo modo si vituperavano:

>. . . . . . . *Or pur mira,*
> *che per poco è che teco non mi risso.*

Virgilio, il quale aveva assentito allo strazio di Filippo Argenti; aveva ributtato il bizzarro fiorentino *cogli altri cani*, e aveva abbracciato e baciato Dante, — come ora lo riprende e lo ammonisce? Nell'episodio del canto VIII, Virgilio esalta il nobile sdegno di Dante dinanzi alla vista del già orgoglioso, e iroso cavaliere: qui, dinanzi alla baruffa di tanto bassi spiriti, il Maestro rampogna l'alunno, non più stimolato da nobile disdegno, ma vinto da volgare curiosità. E se qualche contradizione tra' due aspetti di Virgilio si vorrà pur trovare, benedette queste contradizioni che mantengono cosí vivo il sentimento, il palpito umano, a tanti e tanti de' personaggi danteschi.

Salomone aveva detto, e il proverbio è riferito nel IV del *Convivio*: « Rimovi da te la mala bocca e gli atti villani sieno lungi da te ».

Ben a proposito, del resto, Virgilio, il *Maestro* — come è qui denominato tutt'e due le volte —, che s'era tenuto sempre in disparte, silenzioso, tronca la trista scena di contesa. E com'avrebbe essa potuto finire, se de' due contendenti uno non poteva muoversi, e l'altro era oppresso da febbre acuta, consumatrice? Questo non dobbiamo cercar noi, poiché il Poeta non lo disse: non fu concesso di sapere a Dante, perché il Maestro lo richiamò dall'obbrobrioso spettacolo.

Quand'io il senti' a me parlar con ira,
volsimi verso lui con tal vergogna
ch'ancor per la memoria mi si gira.
  E quale è quei che suo dannaggio sogna,
che sognando desidera sognare,
si che quel ch'è, come non fosse, agogna ;
  tal mi fec' io, non potendo parlare,
che desiava scusarmi, e scusava
me tuttavia, e nol mi credea fare.

Chiarezza e finezza gareggiano nobilmente in queste terzine. Abbiamo in esse una delicata e sottile comparazione tolta da uno stato del sogno. In tal guisa, mitologia, realtà, e psicologia han fornito i confronti per questo canto al Divino Poeta, che pur dal sogno e dal sonno ha tratto altre immagini e invenzioni, anzi *visioni*, o gentili o luminose: basti ricordare qui, per tutti, un altro cenno psicofisiologico al sogno, nella fine del XVIII del *Purgatorio*:

nuovo pensiero dentro a me si mise
  del qual più altri nacquero e diversi :
e tanto d'uno in altro vaneggiai,
che gli occhi per vaghezza ricopersi,
  e il pensamento in sogno trasmutai.

La felice e ingegnosa comparazione di chi, sognando qualche suo danno, desidera in sogno di sognare, e cosí desidera quel che è, come se non fosse ; tanto più ci appare gentile e opportuna, quanto più crude sono state innanzi le parole di piato de' due dannati. Sicché possiam forse scoprire pur la riposta intenzione di Dante, di mostrar davvero come purificato l'animo suo ; mentre avvertiamo il nuovo cambiamento di tono nell'armonia trasmutabile di questo canto, ad ora ad ora classicamente lenta, vivacemente mossa, blandamente soave.

Il silenzio meditativo del poeta, è come un pensoso addio dell'uomo contemplante a tutte le sozzure di Malebolge.

Alta, e, com'altrove, da parere fin troppo solenne, si leva la parola ammonitrice del Maestro; ma essa è la parola severa della Ragione, che illumina e sana.

> *Maggior difetto men vergogna lava,*
> *disse il Maestro, che il tuo non è stato;*
> *però d'ogni tristizia ti disgrava:*
> *e fa' ragion ch'io ti sia sempre allato,*
> *se più avvien che fortuna t'accoglia,*
> *ove sian genti in simigliante piato;*
> *ché voler ciò udire è bassa voglia.*

Saremmo, per voler forse sembrar troppo esteti, studiosi ben grossolani, *falsificatori della parola di Dante*, se in questo canto trentesimo ci bastasse di avvertire solo il senso vivo della realtà e il magistero insuperato dello stile, duttile a ogni movenza, o tragica, o comica, o idillica. Noi dobbiamo accogliere, quanto più si può, pieno ed intero, il significato artistico ed etico di tutto il mirabil complesso di pensieri e di fantasmi; noi vogliamo raccogliere non solo la luminosa parola dell'arte che consola, ma anche la parola vitale della verità che purifica: il che fu ed è nei fini supremi della poesia dantesca.

Perciò riceva devotamente l'animo nostro, l'ammaestramento che ci viene per bocca di Virgilio, dal *Poeta della rettitudine*. Contro tutto quello che ha

3

di petulante, di volgare, di falso (anche sotto i più speciosi nomi, anche sotto le forme più larvate), la vita privata e la pubblica, il gran *Libro della moralità*, ne ammonisce ed insegna:

> *voler ciò udire è bassa voglia.*

———

Nel tempo che Giunone era crucciata
per Semelè contra il sangue tebano,
3 come mostrò già una ed altra fiata,
   Atamante divenne tanto insano,
che veggendo la moglie co' duo figli
6 andar carcata da ciascuna mano,
   gridò: Tendiam le reti, sì ch' io pigli
la lionessa e i lioncini al varco:
9 e poi distese i dispietati artigli,
   prendendo l'un che avea nome Learco,
e rotollo, e percosselo ad un sasso;
12 e quella s'annegò con l'altro incarco.
   E quando la fortuna volse in basso
l'altezza de' Troian che tutto ardiva,
15 sì che insieme col regno il re fu casso;
   Ecuba trista misera e cattiva,
poscia che vide Polisena morta,
18 e del suo Polidoro in su la riva
   del mar si fu la dolorosa accorta,
forsennata latrò sì come cane;
21 tanto il dolor le fe' la mente torta.
   Ma né di Tebe furie né Troiane
si vider mai in alcun tanto crude,
24 non punger bestie, non che membra umane,
   quant' io vidi in due ombre smorte e nude,
che mordendo correvan di quel modo,
27 che il porco quando del porcil si schiude.

L'una giunse a Capocchio, ed in sul nodo
del collo l'assannò sí che, tirando,
30 grattar gli fece il ventre al fondo sodo.

E l'Aretin, che rimase tremando,
mi disse: Quel folletto è Gianni Schicchi,
33 e va rabbioso altrui cosí conciando.

Oh, diss'io lui, se l'altro non ti ficchi
li denti addosso, non ti sia fatica
36 a dir chi è, pria che di qui si spicchi.

Ed egli a me: Quell'è l'anima antica
di Mirra scellerata, che divenne
39 al padre, fuor del dritto amore, amica.

Questa a peccar con esso cosí venne,
falsificando sé in altrui forma,
42 come l'altro, che là sen va, sostenne,

per guadagnar la donna della torma,
falsificare in sé Buoso Donati,
45 testando, e dando al testamento norma.

E poi che i duo rabbiosi fur passati,
sovra i quali io avea l'occhio tenuto,
48 rivolsilo a guardar gli altri mal nati.

Io vidi un fatto a guisa di liuto,
pur ch'egli avesse avuta l'anguinaia
51 tronca dal lato, che l'uomo ha forcuto.

La grave idropisia che sí dispaia
le membra con l'umor che mal converte,
54 che il viso non risponde alla ventraia,

faceva lui tener le labbra aperte,
come l'etico fa, che per la sete
57 l'un verso il mento e l'altro in su riverte.

O voi, che senza alcuna pena siete,
e non so io perché, nel mondo gramo,
60 diss'egli a noi, guardate e attendete

alla miseria del maestro Adamo:
io ebbi, vivo, assai di quel ch'i' volli,
63 ed ora, lasso! un gocciol d'acqua bramo.

Li ruscelletti, che de' verdi colli
del Casentin discendon giuso in Arno,
66 facendo i lor canali freddi e molli,

sempre mi stanno innanzi, e non indarno;
ché l'immagine lor via piú m'asciuga,
69 che il male ond'io nel volto mi discarno.

La rigida giustizia, che mi fruga,
tragge cagion del loco ov'io peccai,
72 a metter piú li miei sospiri in fuga.

Ivi è Romena, là dov'io falsai
la lega suggellata del Batista,
75 perch'io il corpo suso arso lasciai.

Ma s'io vedessi qui l'anima trista
di Guido, o d'Alessandro, o di lor frate,
78 per fonte Branda non darei la vista.

Dentro c'è l'una già, se l'arrabbiate
ombre che vanno intorno dicon vero:
81 ma che mi val, se ho le membra legate?

S'io fossi pur di tanto ancor leggiero,
ch'i' potessi in cent'anni andare un'oncia,
84 io sarei messo già per lo sentiero,

cercando lui tra questa gente sconcia,
con tutto ch'ella volge undici miglia,
87 e men d'un mezzo di traverso non ci ha.

Io son per lor tra sí fatta famiglia:
ei m'indussero a battere i fiorini,
90 che avevan tre carati di mondiglia.

Ed io a lui: Chi son li duo tapini,
che fuman come man bagnate il verno,
93 giacendo stretti a' tuoi destri confini?

Qui li trovai, e poi volta non dierno,
rispose, quand'io piovvi in questo greppo,
96 e non credo che dieno in sempiterno.

L'una è la falsa che accusò Gioseppo;
l'altro è il falso Sinon greco da Troia:
99 per febbre acuta gittan tanto leppo.

E l'un di lor che si recò a noia
forse d'esser nomato sí oscuro,
102 col pugno gli percosse l'epa croia:

quella sonò come fosse un tamburo:
e mastro Adamo gli percosse il volto
105 col braccio suo, che non parve men duro,

dicendo a lui: Ancor che mi sia tolto
lo muover, per le membra che son gravi
28 ho io il braccio a tal mestiere sciolto.

Ond'ei rispose: quando tu andavi
al fuoco, non l'avei tu cosí presto;
11 ma sí e piú l'avei quando coniavi.

E l'idropico: tu di' ver di questo;
ma tu non fosti sí ver testimonio,
14 là 've del ver fosti a Troia richiesto.

S'io dissi falso, e tu falsasti il conio,
disse Sinone, e son qui per un fallo,
17 e tu per piú che alcun altro dimonio.

Ricorditi, spergiuro, del cavallo,
rispose quei ch'aveva enfiata l'epa;
20 e sieti reo, che tutto il mondo sallo.

A te sia rea la sete onde ti crepa,
disse il Greco, la lingua, e l'acqua marcia
23 che il ventre innanzi agli occhi sí t'assiepa.

Allora il monetier: Cosí si squarcia
la bocca tua per dir mal come suole;
26 ché s'i' ho sete, ed umor mi rinfarcia,

tu hai l'arsura, e il capo che ti duole,
e per leccar lo specchio di Narcisso,
29 non vorresti a invitar molte parole.

Ad ascoltarli er'io del tutto fisso,
quando il Maestro mi disse: Or pur mira,
32 che per poco è che teco non mi risso.

Quand'io il senti' a me parlar con ira,
volsimi verso lui con tal vergogna,
35 ch'ancor per la memoria mi si gira.

E quale è quei che suo dannaggio sogna,
che sognando desidera sognare,
38 sí che quel ch'è, come non fosse, agogna;

tal mi fec'io, non potendo parlare,
che disiava scusarmi, e scusava
41 me tuttavia, e nol mi credea fare.

Maggior difetto men vergogna lava,
disse il Maestro, che il tuo non è stato;
44 però d'ogni tristizia ti disgrava:

e fa' ragion ch' io ti sia sempre allato,
se piú avvien che fortuna t'accoglia,
147 ove sien genti in simigliante pisto;
ché voler ciò udire è bassa voglia.

Letto nella Sala di Dante in Orsanmichele
il dí x di maggio
MCM

Lightning Source UK Ltd.
Milton Keynes UK
UKHW030927200721
387465UK00010B/1853